Dieses Buch gehört

....

Liebe Eltern,

wir wollen Ihr Kind beim Lesenlernen unterstützen, und zwar mit Geschichten, die Spaß machen.

Unsere Bücher mit dem liebenswerten Leselöwen begleiten Ihr Kind durch die 2. Klasse. Sie enthalten drei bis vier Geschichten zu einem spannenden Thema, mit einfachen Sätzen und gut lesbarer Schrift. Viele bunte Bilder sorgen für Lesepausen und helfen, die Geschichten zu verstehen. Mit den Aufgaben zum Text kann Ihr Kind selbst prüfen, ob es den Text richtig verstanden hat. Zu den farbig markierten Wörtern warten am Ende des Buches spannende Fakten und in unserem Onlineportal finden Sie viele weitere Extras!

So wird Ihr Sohn oder Ihre Tochter zum echten Leselöwen!

Ihr 🐾 🐾

Leselöwe

Jetzt geht es

los!

Leselöwen

THiLO

Fußballgeschichten

Illustriert von Irmgard Paule

Loewe

www.leseloewen.de

FSC
www.fsc.org
MIX
Papier aus ver-
antwortungsvollen
Quellen
FSC® C018236

Klimaneutral
Druckprodukt
ClimatePartner.com/18521-2202-1001

ISBN 978-3-7855-8580-1
3. Auflage 2022
© 2018 Loewe Verlag GmbH, Bühlstraße 4, D-95463 Bindlach
Umschlag- und Innenillustrationen: Irmgard Paule
Umschlaggestaltung: Michael Dietrich
Vignetten Leselöwe: Angelika Stubner
Printed in the EU

www.loewe-verlag.de

Inhalt

Der beste Torwart der Welt

Linus ist ein super Torwart.
Selbst die schärfsten Schüsse
fischt er aus der Luft.
Beim Kicken in der Pause
wollen alle
in seiner Mannschaft sein.

Doch im **Verein** spielt Linus nicht.
Wenn ihn seine Eltern fragen,
sagt Linus immer: „Keine Lust!"
Aber eigentlich ist der Grund
ein anderer.

Linus hat ein bisschen Angst.

Es fühlt sich seltsam an,

neu zu einer Gruppe dazuzukommen.

Alle kennen sich ja schon.

Linus ist dann der Neue.

Und alle werden ihn

ganz genau beobachten.

Deshalb spielt Linus nur
mit seinen Freunden.
Heimlich träumt er aber davon,
Torwart der Nationalmannschaft
zu werden,
und sieht sich alle Spiele
der **Weltmeisterschaft** an.

Zusammen mit Piet und Philipp

geht er in den Park.

Dort ist eine große Leinwand aufgebaut.

Die drei Freunde hocken sich

mitten zwischen die Erwachsenen.

Natürlich haben sie auch

Fahnen und einen Ball dabei.

Linus freut sich besonders,
wenn Bastian Müller zu sehen ist.
Der Torwart ist sein großes Vorbild.
Die Gegner schießen und köpfen.
Doch Bastian Müller
hält jeden Ball.

„Super!", ruft Linus zur Pause.

Noch steht es 0:0 – dank Müller.

Schnell stellen

Linus, Piet und Philipp

die besten Szenen des Spiels nach.

Linus ist natürlich im **Tor**.

Piet läuft auf ihn zu und schießt.

Kein Problem für Linus!

„Müller hat ihn!",

ruft Linus über den Platz.

„Er ist wie immer Weltklasse!"

Dann pfeift der Schiedsrichter

die zweite Halbzeit an.

Die drei Freunde kehren
auf ihre Plätze zurück.
„Du magst Müller wohl sehr gern?",
fragt ein Zuschauer.
Linus nickt und strahlt.
„Ja! Der ist einfach der Beste!",
schwärmt er.

Der Mann lacht.

„Du erinnerst mich an ihn", sagt er.

„Ich kenne Bastian nämlich schon
ganz lange."

Piet, Linus und Philipp staunen.

„Ich war sein Trainer,
als Bastian so alt war wie ihr."

Er erzählt vom kleinen Bastian.

Wie gut er damals schon war.

Wie verbissen er trainiert hat.

Und wie er immer davon geträumt hat,

einmal Nationalspieler zu werden.

Piet und Philipp lachen.

„Genau wie du, Linus!", sagt Piet.

Dann fällt das 1:0.

Alle Zuschauer jubeln.

In der Nachspielzeit hält

Bastian Müller noch einen **Elfer**.

Wahnsinn!

Als das Spiel zu Ende ist,

gibt der Mann Linus eine Karte.

Darauf steht seine Telefonnummer.

„Deine Eltern können mich
ja mal anrufen", schlägt er vor.

„Ich bin nämlich immer noch Trainer.

Einen super Torwart wie dich

können wir gut gebrauchen."

Eine Woche später
geht Linus zum Training.
Das ist gar nicht schwer.
Er hat ja schon einen Freund
in der Mannschaft:
den besten Trainer der Welt!

Fieser Papa

Jonas fährt mit seinem Vater
zum Sportplatz.
Seit Wochen freut er sich
auf dieses Fußballspiel.
Jonas will unbedingt
den Stadtpokal gewinnen.

Aufgeregt rennt er gleich
zu seiner Mannschaft.
Dann kommen auch ihre Gegner.
Sie nennen sich Die Superbesten.
„Was für Angeber", denkt Jonas.
„Denen zeigen wir es gleich!"

Doch da passiert
etwas Schreckliches:
Beim Warmlaufen knickt
der **Schiedsrichter** um.
Er kann nicht mehr auftreten.

„Tut mir leid!",
japst er voller Schmerzen.
„Das Spiel muss verschoben werden."
Jonas wird kreidebleich.
Das hält er nicht aus!
Da fällt ihm sein Vater ein.

Der hat früher
auch oft Spiele gepfiffen.
„Mein Papa könnte einspringen",
schlägt Jonas vor.
Der Schiri, die Trainer
und Jonas' Vater, Herr Schmitz,
sprechen miteinander.

„Das mache ich gerne",
sagt Herr Schmitz.
„Super!", denkt Jonas.
„Papa wird natürlich
für uns pfeifen!"
Fünf Minuten später geht es
endlich los.

Jonas schießt sofort zu Mahmut.
Sein bester Freund
umdribbelt zwei Gegner.
Dann schlägt er eine Flanke
auf Daniel.
Der steigt hoch und köpft.
Wamm! 1:0!

Doch leider sind Die Superbesten
auch keine Gurken.
Zu fünft stürmen sie
auf den Torwart zu.
Ihr Kapitän Peter haut die Kugel
oben in den Winkel.
Es steht 1:1.

Lange Zeit fällt kein Tor.
Doch kurz vor der Pause
lauert Peter wieder im **Strafraum**.
Als der Ball kommt,
springt auch Jonas hoch.
Dummerweise kriegt er den Ball
an die Hand.

„Zum Glück ist der Schiri mein Vater.

Der wird schon ein Auge zudrücken",

hofft Jonas.

Doch Herr Schmitz pfeift.

„Elfmeter!", entscheidet er.

Den Elfer macht Peter eiskalt rein.

2:1 für Die Superbesten!

Jonas ist stinksauer.

In der Pause meckert er

seinen Vater an.

„Du bist fies!", schimpft er.

„Willst du nicht,

dass wir gewinnen?"

Herr Schmitz schaut seinen Sohn
streng an.
„Doch", sagt er.
„Aber fair.
Was nutzt euch ein Pokal,
wenn wir gemogelt haben?"

Erst ist Jonas noch sauer.
Aber dann merkt er:
Sein Vater hat recht.
Ein erschwindelter Sieg
ist echt nichts wert.
In der zweiten **Halbzeit**
gibt Jonas' Mannschaft Vollgas.

Die Superbesten halten dagegen.

Ihre Abwehr ist spitze.

Trotzdem fällt das 2:2.

Lange sieht es

nach einem Unentschieden aus.

Doch eine Minute vor Schluss

bekommt Jonas noch mal den Ball.

Er rennt alleine
auf den Torwart zu.
„Fair gewinnt!", denkt Jonas.
Dann schießt er.
„Toooor! 3:2!", brüllt Mahmut.
Herr Schmitz pfeift ab.
Das Spiel ist aus.

Jonas bekommt den Pokal.

„Gratuliere", sagt selbst Peter

von den Superbesten.

„Den Sieg habt ihr euch verdient."

Das Lob freut Jonas

noch mehr als der Pokal.

Der letzte Platz

Es ist ein Trauerspiel!
Der Sportplatz der Fußballtiger
ist völlig im Eimer.
Die Tore haben keine Netze.
Die Eckfahnen sind geklaut worden.
Und das ganze Feld ist buckelig.

„Das ist echt der ‚letzte Platz‘“,
schimpft Leo.
„Auf dem können wir
nicht richtig trainieren.
Deshalb verlieren wir auch
jedes Spiel.“

So kann das nicht weitergehen.
Da sind sich Leo
und seine Freunde einig.
Keine Mannschaft will mehr
gegen die Fußballtiger spielen.
Also ruft Leo alle zur
Besprechung zusammen.

Sie treffen sich
bei Leo in der Gartenhütte.
„Wir könnten im Nachbarort kicken!",
schlägt Samuel vor.
„Wie die Erwachsenen."
Aber das will keiner.

„Wir spielen ab jetzt Handball",
ruft Hannes.
„Das findet in der Halle statt!"
Doch dafür lieben alle
Fußball viel zu sehr.
Endlich meldet sich Tobi.

„Männer! Wir machen
den Platz wieder fit!",
brummt er ruhig.
Erst zeigen ihm alle einen Vogel.
„Das können wir nicht", glaubt Max.
„Wir sind Kinder."

Das weckt den Kampfgeist der Jungen.
„Natürlich können wir das!",
rufen sie.
Um die Sache zu besiegeln,
stoßen die Tiger mit Saft an.

Schon am nächsten Samstag
geht es los.
Leo und Hannes bringen Schaufeln
und Hacken mit.
Samuel rückt
mit einer Schubkarre an.

Kofi trägt zwei Eimer Farbe.
Und Tobi hat Holz
für neue Eckfahnen dabei.
Die Fußballtiger arbeiten
den ganzen Tag.
Sie hacken, schaufeln, malen
und sägen.

Immer mehr Freunde kommen dazu.

Bald sind sie mehr als zwanzig.

Die Tore sind schon repariert.

Doch der Platz sieht
schlimmer aus als vorher.

Plötzlich brummt ein Lastwagen
auf den Platz.

Darin sitzt der Vater von Tobi.

Er ist Bauarbeiter

und bringt jede Menge frische Erde.

Tobi strahlt.

Das war seine Idee.

Bis zum Abend
haben die Fußballtiger
die ganze Erde verteilt.
Alle fallen müde in die Betten.

Am nächsten Tag

geht es gleich weiter.

Aus der Mannschaftskasse hat Leo

einen Sack Grassamen gekauft.

Die werden verteilt

und festgestampft.

Dann sperrt Tobi den Platz ab.

Drei Wochen später ist es so weit:

Die Fußballtiger weihen

ihr neues Spielfeld ein.

Natürlich mit einem großen Turnier.

Alle Mannschaften kommen.

Die meisten staunen,
weil der Platz
keine buckelige Wiese mehr ist.
Doch ein Gegner spricht Leo an.
„Traut ihr euch denn überhaupt,
gegen uns anzutreten?"

„Klar",
sagt Leo.
„Wir stehen ja auch nicht mehr
auf dem ‚letzten Platz',
sondern auf dem schönsten Fußballfeld
der Welt!"

Fragen und Antworten

1. **Verkehrt herum! Was möchte Linus werden? Kreuze an.**

☐ Remrüts
☐ Reniart
☐ Trawrot

Antwort: Torwart

2. **Wie heißt der berühmte Torwart in der ersten Geschichte? Kreuze an.**

☐ Bastian Schweinsteiger
☐ Thomas Müller
☐ Bastian Müller

Antwort: Bastian Müller

3. **Lies genau in Spiegelschrift. Wohin traut Linus sich erst nicht? Kreuze an.**

54

☐ Schule   ☐ Verein

Antwort: Verein

4. Für wen springt Jonas' Papa ein? Bringe die Buchstaben in die richtige Reihenfolge.

DIESTERSCHIRCH

Antwort: Für den Schiedsrichter

5. Wie viele Tore fallen in Jonas' Fußballspiel? Rechne aus und kreuze die richtige Antwort an.

☐ 7-4= _____   ☐ 7-3= _____   ☐ 7-2= _____

Antwort: 7-2=5

6. Gegen wen spielt Jonas' Mannschaft? Bringe die Silben in die richtige Reihenfolge.

DIE TEN SU BES PER

Antwort: Die Superbesten

7. **Was lernt Jonas beim Spiel? Kreuze an.**

- ☐ Fair gewinnt.
- ☐ Dumm beginnt.
- ☐ Der Schiri spinnt.

Antwort: Fair gewinnt.

8. **Nach welchem Tier ist die Fußballmannschaft in der dritten Geschichte benannt? Kreuze an.**

☐ Löwe ☐ Panther ☐ Tiger

Antwort: Tiger

9. **Welches Wort fehlt in diesem Satz aus der dritten Geschichte?**

Das ist echt der ‚_____ Platz'.

Antwort: Das ist echt der ‚letzte Platz'.

10. Womit stößt die Mannschaft an, um ihren Plan zu besiegeln? Kreuze an.

☐ Saft
☐ Milch
☐ Cola

Antwort: Saft

11. Findest du im Buchstabengitter drei Fußballwörter?

T	P	O	K	A	L
O	L	M	I	S	E
M	U	R	C	H	I
T	O	E	K	C	S
A	B	W	E	H	R
R	E	H	N	E	N

Antwort: Pokal, kicken, Abwehr

57

Verein (Seite 9):

Ca. jeder dritte Deutsche ist Mitglied in einem Sportverein. Insgesamt gibt es in Deutschland etwa 91.000 Sportvereine.

Weltmeisterschaft (Seite 11):

Die FIFA Fußball-Weltmeisterschaft findet alle vier Jahre statt und ist nach den Olympischen Spielen das wichtigste Sportereignis der Welt.

Tor (Seite 14):

Bei offiziellen Fußballspielen haben die Fußballtore immer die gleiche Größe. Der Abstand zwischen den Innenpfosten muss exakt 7,32 Meter betragen. Bei Jugendfußballtoren sind es 5 Meter.

Elfer (Seite 19):

Der Elfer oder Elfmeter wurde vor über
hundert Jahren in Irland erfunden. Ein
Foul sollte sich im Strafraum einfach nicht mehr lohnen.

Schiedsrichter (Seite 24):

Der Schiedsrichter muss alle Regeln beherrschen,
damit er während des Spiels schnell die richtige
Entscheidung treffen kann. Im Fußball kann man
ab dem zwölften Lebensjahr Schiedsrichter werden.

Strafraum (Seite 30):

So nennt man den markierten Bereich rund um die
Tore, weil dort strengere Regeln gelten und man bei
Regelverstoß härter bestraft wird als auf
dem Rest des Spielfelds.

Halbzeit (Seite 34):

Die zwei Halbzeiten eines Fußballspiels
dauern jeweils 45 Minuten. Dazwischen ist
eine Viertelstunde Halbzeitpause.

Blättere schnell um und trage die roten Buchstaben
in der richtigen Reihenfolge in die Kästchen ein!

Die ersten 20 Lebensjahre verbrachte **THiLO** in der Kinderecke der elterlichen Buchhandlung. Heute lebt er mit seiner Familie in Mainz und schreibt neben seinen Romanen auch Drehbücher fürs Fernsehen. Mehr über THiLO und seine Geschichten erfahrt ihr im Internet unter www.thilos-gute-seite.de.

Irmgard Paule studierte an der Fachhochschule für Gestaltung in München. Danach arbeitete sie als freischaffende Grafikerin in der Werbung. Seit 1997 illustriert sie Kinderbücher für verschiedene Verlage.

Das Leselöwen-Lösungswort

Besuche den Leselöwen auf
www.leseloewen.de und trage
die farbigen Buchstaben
von der Seite *Schon gewusst?*
in die magische Box ein.

Wenn du das Lösungswort
in der richtigen Reihenfolge
geschrieben hast, kommst du
auf die geheime Seite mit vielen
weiteren Spielen und Rätseln!

Der **Leselöwe** freut sich auf dich!

Jetzt
online!